Ra

ra

Re

ru

R

re

Ru

Ri

ro

Ro

ri

La radio suena. La feria está lista.

Emi, el sapo Ramón, la rana René están en la fila.

FERIA

Pepo está en su puesto.

—¡Pasad! ¡Pasad!

La rana René tiene una rifa. La rifa es para una pulsera de oro.

Pepo le da rápido a la ruleta.

¡Es para René!

La rana se puso la pulsera.

El sapo Ramón, de repente, se enamoró. Le dio a la rana un *ramo* de *rosas*.

A Emi le dio la risa.
¡René era la *reina* de
las ranas!

radio

reina

rana

o**ro**

ruleta

ramo de rosas

pulsera

rifa

COLECCIÓN LEER MOLA

Aprende a leer con Pepo y Emi.
Vive 25 aventuras diferentes. Suma letras en cada libro
y al completar la colección verás que… ¡leer mola!

Entre nubes y cuentos

9 788412 822991

LEER MOLA

Lectura progresiva

J

LA OVEJA TIENE UN PIOJO

ANA MEILÁN
SILVINA EDUARDO

Entre Nubes y Cuentos

COLECCIÓN LEER MOLA
LA OVEJA TIENE UN PIOJO (J)

ISBN: 978-84-129235-4-4
Depósito legal: LU-120-2024
Primera edición: septiembre 2024
Impreso en España

Impreso en papel certificado por FSC®
procedente de una gestión forestal
sostenible y responsable con el medio ambiente.

www.entrenubesycuentos.com